Einsterns Schwester

Themenheft 1
Sprachgebrauch und Sprache untersuchen und reflektieren

Herausgegeben von
Roland Bauer, Jutta Maurach

Erarbeitet von
Andrea Koch, Schrobenhausen

Auf der Grundlage der Ausgabe von
Annette Schumpp
Jutta Sorg

Cornelsen

Inhaltsverzeichnis

Ich bin Lola und ich helfe dir.

So kannst du mit den Heften arbeiten

Du machst alle
Seiten der Lernportion 1:

zuerst im grünen Heft,	dann im roten Heft,	dann im gelben Heft	und dann im blauen Heft.

 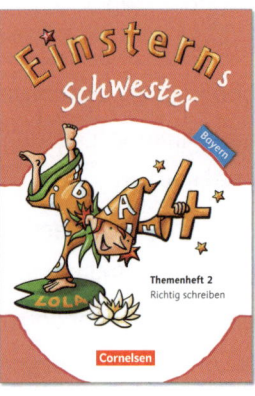 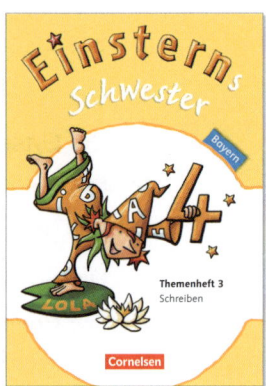 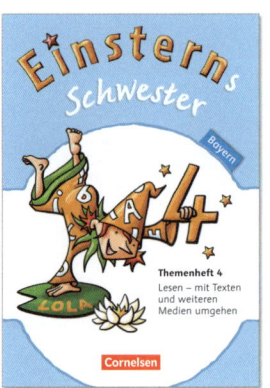

Danach machst du in
allen Heften die Lernportion 2.

Nun machst du in
allen Heften die Lernportion 3.

Genauso bearbeitest du
alle anderen Lernportionen.

1 Nomen finden

Nomen sind Wörter für Lebewesen und Dinge.
Außerdem gibt es nicht-dingliche Nomen. Das sind z. B. Nomen für
Gefühle (der Schreck), Vorgänge (die Fahrt) und Zustände (die Ferien).

1 Finde in der E-Mail
und auf dem Urlaubsfoto
mindestens 20 Nomen.
Ordne sie mit Artikel
in einer Tabelle.

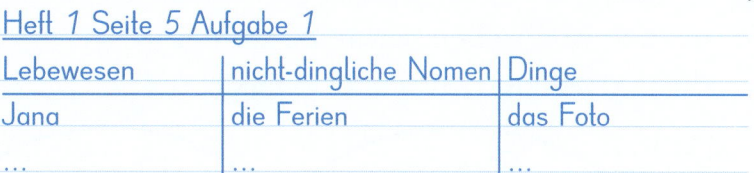

Heft 1 Seite 5 Aufgabe 1

Lebewesen	nicht-dingliche Nomen	Dinge
Jana	die Ferien	das Foto
…	…	…

Liebe Jana, lieber Marc,

aus meinen Ferien schicke ich euch mit dieser Mail einige Fotos und viele Grüße.
Ich bin in einem Feriencamp im Schwarzwald und habe hier riesigen Spaß.
Zum Glück habe ich schon einige
Freunde gefunden.

Gestern waren wir mit den Paddelbooten
unterwegs und ich habe in voller Fahrt
einen Felsen gerammt.
Das war ein Schreck!

Euch noch einen schönen Urlaub!
Bis bald!

Euer Jonas

2 Besprecht, welche Sprachen in eurer Klasse gesprochen werden.

die Katze
the cat
le chat
kedi

3 Schreibt Nomen in verschiedenen Sprachen auf Wortkarten.

a) Sammelt sie an einer Wandzeitung.

b) Findet Gemeinsamkeiten und Unterschiede der verschiedenen Sprachen.

c) Ergänzt eure internationale Nomensammlung im Laufe des Schuljahres.

1 Nomen an Nachsilben erkennen

> Wörter mit den **Nachsilben -ung**, **-heit**, **-keit** und **-nis** sind Nomen.
> Ich schreibe sie groß. Sie lassen sich aus Verben und Adjektiven bilden:
> wandern – die Wander**ung**, dunkel – die Dunkel**heit**,
> übel – die Übel**keit**, wild – die Wild**nis**

1 Finde in den Sprechblasen die Nomen mit den Nachsilben. Schreibe sie mit dem passenden Verb oder Adjektiv auf.

Heft 1 Seite 6 Aufgabe 1
die Entdeckung – entdecken, …
…

Vielleicht machen wir unterwegs eine spannende Entdeckung.

Hoffentlich geraten wir nicht in die Dunkelheit.

Ich kenne die Gegend aus Erzählungen.

Ich freue mich auf die Wanderung.

Beim Klettern beweisen wir unsere Geschicklichkeit.

Wir erforschen die Wildnis.

2 Bilde Nomen und ordne sie in einer Tabelle nach ihren Nachsilben.

-heit   -keit   -nis   -ung

Heft 1 Seite 6 Aufgabe 2

-heit	-keit	…
die Schönheit	…	…
…		

freundlich   wagen   schön   lösen

rechnen   fröhlich   gesund   geheim   wahr   übel   hindern

besprechen   krank   kennen   heiter   frei   erleben

3 Finde mithilfe des Wörterbuchs oder der Wörterliste weitere Nomen mit den Nachsilben **-heit**, **-keit**, **-nis**, **-ung**. Schreibe sie zusammen mit ihrem verwandten Verb oder Adjektiv auf.

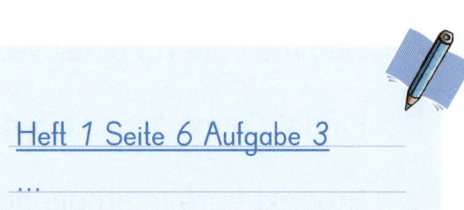

Heft 1 Seite 6 Aufgabe 3
…

Über die Mehrzahl von Nomen nachdenken

1 Bilde zu den Nomen die Mehrzahl und
schreibe sie mit dem Würfelbild auf.
Markiere, was sich in der Mehrzahl verändert.

Heft 1 Seite 7 Aufgabe 1
⚀ die Lehrerin – die Lehrerinnen
...

⚀ die Lehrerin   ⚁ das Schloss

⚂ das Zebra   ⚃ das Rätsel

⚄ der Zwerg   ⚅ das Obst

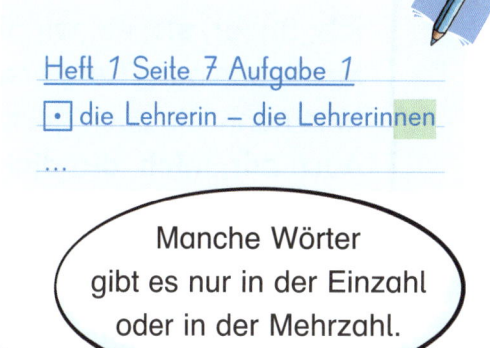

Manche Wörter
gibt es nur in der Einzahl
oder in der Mehrzahl.

2 Bilde die Mehrzahl zu den Nomen in der Kiste.
Ordne sie den Mehrzahlformen entsprechend
der Würfelbilder aus **1** zu und schreibe sie
in der Einzahl und Mehrzahl auf.
Markiere, was sich in der Mehrzahl verändert.

Heft 1 Seite 7 Aufgabe 2
⚀ das Buch – die Bücher
⚄ der Flug – die Flüge
...

Buch   Flug   Wetter   Eidechse   Hitze   Gemüse   Trick

Tiger   Vater   Pilotin   Ferien   Weg   Huhn   Pulli

Eltern   Entdeckung   Bus   Polizist   Zelt   Daumen

Bett   T-Shirt   Ferkel   Brief   Wurm   Tipp

 3

Ferien!
Toll, das passt.
Ich darf es behalten!
Jetzt bist du
dran.

1 Pronomen verwenden

Ich, du, er, sie, es, wir, ihr, sie sind **Pronomen** und können Nomen für Menschen oder Tiere ersetzen.
Man nennt sie auch **Personalpronomen** (Fürwörter für Personen).
Auch **mir**, **mich**, **dir**, **dich**, **sich**, **ihm**, **ihn**, **ihr**, **uns**, **euch**, **ihnen** sind Pronomen.

1 Ergänze die fehlenden Pronomen und schreibe die Sätze ab.

Ich wollte ___ fragen, ob ___ heute Zeit hast.

Tim will sich eine neue Hose kaufen, aber keine gefällt ___ .

Lisas Freundin hat ___ einen Kinogutschein geschenkt und begleitet ___ ins Kino.

Wir waren gestern im Wald. Dort haben ___ ___ eine Hütte gebaut.

Hallo, ___ beiden! Möchtet ___ mir beim Backen helfen?

Die fünf Freunde übernachten im Zelt. Hoffentlich haben ___ alles dabei.
Die Eltern haben ___ Proviant eingepackt.

> *Heft 1 Seite 8*
> *Aufgabe 1*
> *Ich wollte dich fragen,*
> *ob du heute Zeit hast.*
> *...*

2 Überlege dir eigene Sätze mit Pronomen und schreibe sie auf. Markiere die Pronomen. Die Bilder können dir helfen.

> *Heft 1 Seite 8 Aufgabe 2*
> *Ich finde* mich *schön.*
> Mir *gefällt ...*

ich, mir, mich

du, dir, dich

er, ihm, ihn

sie, ihr

es, ihm

wir, uns

ihr, euch

sie, ihnen

1 ✦ Die vier Fälle des Nomens kennen lernen

1 Lies die Sätze und die Fragen.
Suche zu den Fragen die passenden Antworten.

> Im Winter versteckt <u>der Schnee</u> die Landschaft unter einer weißen Decke.
> Das Gewicht <u>des Schnees</u> kann Äste brechen lassen.
> Bei Wintereinbruch fühlen sich viele Autofahrer <u>dem Schnee</u> ausgeliefert.
> Kinder lieben <u>den Schnee</u>.

<u>Wer oder was</u> versteckt die Landschaft unter einer weißen Decke?
<u>Wessen</u> Gewicht kann Äste brechen lassen?
<u>Wem</u> fühlen sich viele Autofahrer bei Wintereinbruch ausgeliefert?
<u>Wen oder was</u> lieben Kinder?

2 Schreibe die Fragen aus **1**
und die vollständigen Antwortsätze auf.
Unterstreiche die Fragewörter und
das Wort **Schnee** mit dem bestimmten
Artikel in den verschiedenen Fällen.

Heft 1 Seite 9 Aufgabe 2
Wer oder was versteckt die Landschaft
unter einer weißen Decke?
Der Schnee versteckt die Landschaft
unter einer weißen Decke.
...

3 Untersucht die unterstrichenen bestimmten Artikel und Nomen.
Stellt fest, was sich ändert.

4 Schreibe den Text ab. Finde das Nomen,
das sich in jedem Satz wiederholt. Unterstreiche
dieses Nomen mit seinem bestimmten Artikel.

Heft 1 Seite 9 Aufgabe 4
In den Bergen ...

In den Bergen verändert sich das Wetter oft schlagartig.

Wanderer müssen dem Wetter daher immer große Beachtung schenken.

Meteorologen sagen uns das Wetter voraus.

Die ständige Beobachtung des Wetters ist eine wichtige Aufgabe.

Die vier Fälle des Nomens im Satz verwenden

Das Nomen kann im Satz in vier **Fällen** stehen:
1. Der 1. Fall: Der Wind treibt Windräder an.
2. Der 2. Fall: Beim Surfen spürt man die Kraft des Windes.
3. Der 3. Fall: Auf dem Meer vertrauen Segler dem Wind.
4. Der 4. Fall: Manchmal mögen Radfahrer den Wind nicht.
Das Nomen und sein Artikel können sich verändern.

1 Ersetze die Bilder durch Nomen
und füge sie im richtigen Fall ein.

a) Schreibe die Texte in dein Heft.

b) Markiere die Artikel und die Endungen
der Nomen, die sich verändern.

Heft 1 Seite 10 Aufgabe 1 a) + b)
Die Sonne schenkt Wärme und Licht.
...

| die Sonne | der Sonne | der Sonne | die Sonne |

 schenkt Wärme und Licht.
Die Kraft  ist unermesslich groß.
Man sollte seine Haut nicht zu lange  aussetzen.
Acht Planeten umkreisen .

| dem Regen | des Regens | den Regen | der Regen |

 läuft am Fenster herab.
Bei Beginn  spannen alle ihre Regenschirme auf.
An eine Kanutour ist bei  nicht zu denken.
Ohne  wären die Blumen vertrocknet.

| einer Frage | eine Frage | einer Frage | eine Frage |

 sollte man immer gründlich nachgehen.
Doch eine Antwort auf  zu finden ist nicht immer einfach.
Auch heute bemühen sich die Wissenschaftler um die Lösung .
 von höchster Wichtigkeit!

1 Die vier Fälle des Nomens gebrauchen

1 Schreibe den Text ab.

a) Setze die Nomen mit ihren bestimmten Artikeln im richtigen Fall ein.

b) Unterstreiche die eingesetzten Nomen mit Artikel und bestimme ihren Fall.

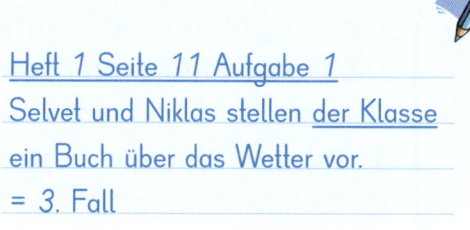

Heft 1 Seite 11 Aufgabe 1
Selvet und Niklas stellen der Klasse
ein Buch über das Wetter vor.
= 3. Fall
...

Selvet und Niklas stellen _____ ein Buch über das Wetter vor.
die Klasse

Zusammen haben sie _____ vorbereitet.
das Plakat

Zuerst begrüßen sie _____ .
die Klasse

Sie berichten über den Inhalt _____ und erklären _____ auf dem Plakat.
das Buch der Text

Zum Schluss lesen sie _____ vor, der ihnen am besten gefällt.
der Abschnitt

Alle Kinder _____ loben _____ .
die Klasse der Vortrag

Selvet und Niklas sind glücklich.

2 Lest den englischen Text und vergleicht ihn mit eurem Text von ①.
Achtet besonders auf die unterstrichenen Nomen in beiden Texten.

Selvet and Niklas present a book about the weather <u>to the class</u>.
Together they prepared <u>the poster</u>.
First they greet <u>the class</u>.
They talk about the content <u>of the book</u> and explain <u>the text</u> on the poster.
Finally they read <u>the part</u>, they like best.
All children <u>of the class</u> praise <u>the lecture</u>.
Selvet and Niklas are happy.

3

	🇩🇪	🇬🇧
Wer?	die Klasse	the class
Wessen?		
Wem?		
Wen?		

	🇩🇪	🇬🇧
Wer?	das Buch	the book
Wessen?		
Wem?		
Wen?		

Verben gibt es in der **Grundform** und in den **Personalformen**.
Die **Personalformen** haben bestimmte **Bezeichnungen**.

Grundform: fahren

1. Person Einzahl:	ich fahre Fahrrad
2. Person Einzahl:	du fährst Fahrrad
3. Person Einzahl:	er, sie, es fährt Fahrrad
1. Person Mehrzahl:	wir fahren Fahrrad
2. Person Mehrzahl:	ihr fahrt Fahrrad
3. Person Mehrzahl:	sie fahren Fahrrad

Personalformen

1 Suche die elf Verben im Text. Schreibe sie mit Personalform und Grundform auf.

Ein Ritterturnier mit dem Fahrrad

So plant ihr das Ritterturnier:
Es gibt verschiedene Stationen:
Slalom, Zielwurf, Gepäcktransport, Ballonspiel.
Für das Ballonspiel binden alle Kinder Ballons an die Äste verschiedener Bäume.
Ein Kind verteilt an dich und jeden anderen Teilnehmer einen Stock.
Wenn du an einen Ballon tippst, bekommst du einen Punkt.
Wenn der Ballon zerplatzt, erhältst du zwei Punkte.
Wir alle zählen die Punkte.
Ich rase direkt nach Lisa los und
treffe zwei Luftballons.

Heft 1 Seite 12 Aufgabe 1
ihr plant – planen,
es gibt – ...

2 Lege für drei Verben aus **1** eine Tabelle an und ergänze die fehlenden Personalformen.

3 Suche dir ein Partnerkind. Ergänzt die Tabelle mit eigenen Verben.

Heft 1 Seite 12 Aufgabe 2

Grundform	planen
1. Person Einzahl	...
2. Person Einzahl	...
3. Person Einzahl	...
1. Person Mehrzahl	...
2. Person Mehrzahl	ihr plant
3. Person Mehrzahl	...

2. Mit Verben Aufforderungssätze bilden

Verben stehen in der **Aufforderungsform**, wenn ich eine oder mehrere Personen auffordere, etwas zu tun. Das **Verb** steht dabei immer **am Satzanfang** und **am Satzende** steht ein **Ausrufezeichen**:

Bremse rechtzeitig! Bremst rechtzeitig!
Hilf den Fahranfängern! Helft den Fahranfängern!

Diese Sätze nennt man **Aufforderungssätze**.

1 Schreibe fünf Sätze auf, die du einem Partnerkind dann zurufst. Unterstreiche das Verb und markiere das Ausrufezeichen farbig.

Heft 1 Seite 13 Aufgabe 1
Bremse rechtzeitig!
...

| rechtzeitig bremsen | sich richtig einordnen |

| den Helm nicht vergessen | auf den Gegenverkehr achten |

| den Fußgängern Vorrang gewähren | den Fahranfängern helfen |

| den Abstand zum Vordermann einhalten |

| das Fahrrad richtig abstellen | nach vorne schauen |

| die Füße auf den Pedalen lassen |

| an der Haltelinie stoppen | die Vorfahrt beachten |

Ordne dich richtig ein!

2 Schreibe fünf andere Sätze auf, die du der ganzen Klasse zurufen könntest. Unterstreiche das Verb und markiere das Ausrufezeichen farbig.

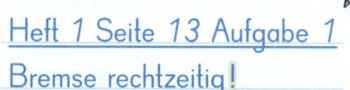

Heft 1 Seite 13 Aufgabe 2
Schaut nach vorne!
...

3 Suche dir andere Kinder.
- Überlegt, welche Satzarten ihr kennt.
- Bildet einen Satz und verändert ihn je nach Satzart.
- Versucht, die Satzart auch durch Mimik und Gestik auszudrücken.

2 Eigene Aufforderungssätze bilden

1 Schreibe die sechs Baderegeln als Aufforderungssätze auf.

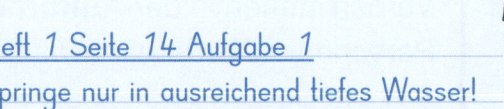

Heft 1 Seite 14 Aufgabe 1
Springe nur in ausreichend tiefes Wasser!
...

> nur in ausreichend tiefes Wasser springen

> das Wasser und seine Umgebung sauber halten

> nicht ohne Sonnenschutz in der Sonne liegen

> nicht bei Gewitter ins Wasser gehen

> nicht dort baden, wo Schiffe, Boote und Surfer fahren

> nicht zu weit alleine hinausschwimmen

2 Schreibe Aufforderungssätze auf, die du z. B. zu Hause oft hörst oder selbst sagst.

Heft 1 Seite 14 Aufgabe 2
Räume bitte dein Zimmer auf!
Lass meine Ritter in Ruhe!
...

3 Vergleiche dein Ergebnis mit dem eines Partnerkindes.

2. Verben mit Vorsilben bilden

Verben mit **Vorsilben** wie **ab-**, **auf-**, **aus-**, **ein-**, **vor-**, **nach-**
werden im Satz oft getrennt:
anlegen: Tim **legt** eine Slalombahn **an**.   anmalen: Lisa **malt** die Zielfahne **an**.

1 Lies die Stichwörter mit den passenden Vorsilben.

Vorsilben
verändern die
Bedeutung von Verben:
aufbauen,
einbauen,
nachbauen

an-	– eine Slalombahn legen
auf-	– viele Hütchen stellen
aus-	– lange Seile legen
ein-	– eine Wippe bauen
auf-	– einen Helm setzen
	– die Zielfahne malen
nach-	– Spiele bereiten
	– mit Kreide eine Ziellinie zeichnen
vor-	– Freunde laden

2 Schreibe vier Dinge auf, die Lisa macht.
Nutze die Stichwörter von **1**.
Unterstreiche die Verben mit den Vorsilben.
Sprich mit einem Partnerkind darüber,
was dir auffällt.

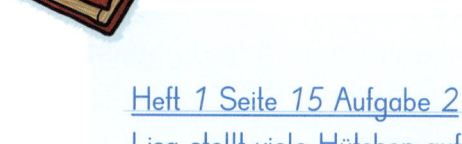

Heft 1 Seite 15 Aufgabe 2
Lisa stellt viele Hütchen auf.
...

3 Nutze die Stichwörter von **1**
und wähle vier Verben aus.
Schreibe erst die Grundform des Verbs.
Schreibe dann einen Satz auf,
was Tim und Lisa gemeinsam machen.
Unterstreiche die Verben.

Heft 1 Seite 15 Aufgabe 3
einladen:
Lisa und Tim laden Freunde ein.
...

Verben in der 1. Vergangenheit finden

1 Suche dir ein Partnerkind.
Besprecht, wie ihr die 1. Vergangenheit bildet.
Schreibe in dein Lerntagebuch, was ihr herausgefunden habt.

2 Schreibe die Verben aus dem Text mit Pronomen auf.
Ergänze die Grundform.

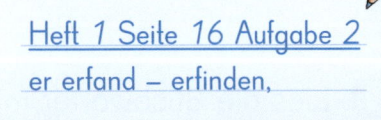

Heft 1 Seite 16 Aufgabe 2
er erfand – erfinden,
…

Brillen früher

Bereits vor dem Mittelalter erfand man eine Sehhilfe, den Lesestein. Ein runder oder halbrunder
geschliffener Bergkristall vergrößerte alles,
worauf man ihn legte.

5 Im Mittelalter erfand man Brillengläser, die man sich
vor die Augen hielt. Holz, Knochen oder Horn
benutzte man für den Rahmen. Es gab aber noch
keinen Bügel, der die Brille an den Ohren befestigte.

Bald folgten viele weitere Erfindungen.

10 Die Mützenbrille, zum Beispiel, befestigte man an
seiner Mütze, sodass sie direkt vor dem Auge hing.

3 Schreibe die Verben aus dem Text mit Pronomen auf.
Ergänze die Grundform und die 1. Vergangenheit.

Heft 1 Seite 16 Aufgabe 3
es gibt – geben, es gab,
…

Brillen heute

Heute gibt es immer noch viele verschiedene
Brillenformen. Allerdings ist es normal, dass alle
Bügel haben. So sitzt die Brille auf Ohren und
Nase auf.

5 Die Entwicklung der Sehhilfe geht aber heutzutage
in eine neue Richtung: Kontaktlinsen sind kleine
Linsen, die man sich direkt auf das Auge setzt.
Sie sind kaum sichtbar.

Viele Ärzte bieten mittlerweile außerdem Augen-
10 operationen an. Dabei werden die Sehfehler durch
die Behandlung mit Laserstrahlen behoben.

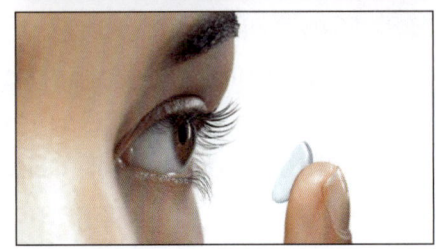

3 Verben in der 2. Vergangenheit bilden

Verben, die von **früher** erzählen, können in der **1. Vergangenheit (Präteritum)** oder in der **2. Vergangenheit (Perfekt)** stehen.

Die 2. Vergangenheit wird mit den **Hilfsverben** haben oder sein gebildet:

ich **erfinde** (Gegenwart)

ich **erfand** (*1. Vergangenheit*)   ich **habe erfunden** (*2. Vergangenheit*)

ich laufe (Gegenwart)

ich **lief** (*1. Vergangenheit*)   ich **bin gelaufen** (*2. Vergangenheit*)

In der gesprochenen Sprache benutze ich häufig die **2. Vergangenheit**.

1 Schreibe die Verben auf, die in der 2. Vergangenheit stehen.

Heft *1* Seite *17* Aufgabe *1*

ich habe gelebt, …

Ich habe vor mehr als 200 Jahren gelebt.
Ich bin ein erfolgreicher Erfinder in England gewesen!
Früher haben viele Menschen unpraktische Brillen getragen.
Deshalb habe ich die Stirnreifenbrille erfunden. Ich habe einen
Metallreifen genommen und daran die Brillengläser befestigt.
Wichtig ist dabei der richtige Abstand zu den Augen gewesen.
Die Menschen sind von meiner Stirnreifenbrille
begeistert gewesen.

2 Suche dir andere Kinder.
Stellt euch vor, ihr habt diese Brillen erfunden. Erzählt einander davon.
Benutzt die 2. Vergangenheit. Nutzt die Wörter auf den Wortkärtchen.

Monokel

Zwicker

Scherenbrille

Schnurbrille

| erfunden | entwickelt |

| konstruiert | gebaut |

Mein Name
ist Mon O'Kell.
Ich habe …

3 Verben in die 1. Vergangenheit setzen

1 Lies einem anderen Kind vor,
was der Museumsführer erzählt.

Schon in der Antike hat man versucht
Hörhilfen zu entwickeln. Bevor es Strom gegeben hat, haben
schwerhörige Menschen oft Hörrohre aus Tierhörnern benutzt. Die ersten
elektrischen Hörgeräte hat man nur mit einer Steckdose benutzen können.
Sie sind daher sehr unpraktisch gewesen. Die ausschlaggebende Erfindung,
ein tragbares Hörgerät, hat der Amerikaner Miller R. Hutchinson 1901 entwickelt.
Eine der ersten Nutzerinnen ist die englische Königin Alexandra gewesen.
Mit dem tragbaren Hörgerät hat sie die Krönung ihres Mannes nicht
nur gesehen, sondern auch gehört. Vor Freude darüber
hat sie dem Erfinder einen Orden verliehen.

2 Schreibe selbst einen kleinen Museumsführer für Kinder.
Suche dir dazu drei Sätze aus **1** aus
oder schreibe Sätze zu einer
anderen Erfindung für die Sinne
(hören, sehen, fühlen).

Ich **erzähle** in
der 2. Vergangenheit.
Ich **schreibe** in
der 1. Vergangenheit.

Bevor es Strom gab ...

Museum der Sinne

Museum der Sinne

3 Verben in der Zukunft bilden

Die **Zukunftsform** von Verben zeigt an, dass etwas in der **Zukunft**
passieren wird.   Julia wird die Fahrradprüfung bestehen.
Die **Zukunftsform** bilde ich mit dem **Hilfsverb werden**
und der Grundform des Verbs.

erfinden:

ich **werde erfinden**	wir **werden erfinden**
du **wirst erfinden**	ihr **werdet erfinden**
er, sie, es **wird erfinden**	sie **werden erfinden**

1 Diese Maschine des Künstlers Jean Tinguely
heißt Fatamorgana. Das bedeutet „optische
Täuschung". Überlege mit einem Partnerkind,
was die Maschine wohl leisten wird, wenn sie läuft.
Schreibe in der Zukunftsform.

Heft 1 Seite 19 Aufgabe 1
Die Maschine wird …
…

Jean Tinguely
Fatamorgana,
Méta-Harmonie IV, 1985

I will design
a wonderful machine.

2 Denke dir eine eigene Maschine aus.
Du kannst sie auch zeichnen.
Schreibe auf, was deine Maschine kann.
Schreibe in der Zukunftsform.

Heft 1 Seite 19 Aufgabe 2
Meine Maschine wird
wundervolle Dinge können:
Sie wird …

3 Schreibe in dein Lerntagebuch, was du
dir für die nächsten Aufgaben vornimmst.

3 Zeitformen des Verbs erkennen

1 Lege eine Tabelle an.
Finde im Text mindestens sechs
Verben in der 1. Vergangenheit,
fünf Verben in der Gegenwart und
vier Verben in der Zukunft.

Heft 1 Seite 20 Aufgabe 1		
Gegenwart	1. Vergangenheit	Zukunft
es gibt	es begann	…
…	…	

Der Computer – wie es begann

1671 baute Gottfried Wilhelm Leibniz
in Deutschland die erste leistungsfähige
Rechenmaschine.

Dazu erfand er 1703 das binäre Zahlen-
5 system (Dualsystem). Es gilt auch heute noch als
Grundlage für die Digitalrechner. Das Dualsystem nutzt
zur Darstellung von Zahlen nur die Ziffern 0 und 1.

Charles Babbage entwickelte 1822 eine Differenzmaschine.
Sie war ein mechanischer Computer. Man trieb sie durch
10 das Drehen einer Kurbel an.

Wertigkeit:	8	4	2	1
Null:	0	0	0	0
Eins:	0	0	0	1
Zwei:	0	0	1	0
Drei:	0	0	1	1
Vier:	0	1	0	0
Fünf:	0	1	0	1
Sechs:	0	1	1	0
Sieben:	0	1	1	1
Acht:	1	0	0	0
Neun:	1	0	0	1
Zehn:	1	0	1	0

1941 gilt bei vielen als Geburtsstunde des modernen Computers:
Konrad Zuse baut den ersten vollautomatischen, programmgesteuerten,
frei programmierbaren Computer der Welt.

Die 1980er Jahre waren die Blütezeit der Heimcomputer.
15 1983 entstand der erste Bürocomputer mit Maus namens Lisa.
Er kostete 10 000 US-Dollar. Heute gibt es in vielen Büros
und Haushalten Computer. Sie sind viel günstiger als Lisa.
Viele Menschen nutzen das Internet oder spielen Computerspiele.
Sicherlich wird bald eine noch modernere Erfindung den Tablet-Computer ablösen.
20 Heute gilt er als neuartig und originell.

Zukünftig werden Computer vielleicht biologische und technische Informationen
verarbeiten. Vielleicht werden die Wissenschaftler auch Computer erfinden, die
ein eigenes Bewusstsein entwickeln. Oder es werden nur noch Computer arbeiten,
während die Menschen nichts tun werden. Was denkst du?

 2 Vergleiche dein Ergebnis mit dem eines Partnerkindes.
Schätze dich selbst ein, ob du Zeitformen gut erkennen kannst.
Überlege und schreibe auf, wie du Zeitformen weiter üben möchtest.

4 Adjektive mit Wortbausteinen bilden

1 Spielt das Spiel nach folgender Spielregel: Würfelt reihum. Wenn du an der Reihe bist, würfle und suche das nächste Feld, das zusammen mit deiner gewürfelten Nachsilbe ein sinnvolles Adjektiv ergibt.

Beispiel: Du würfelst **-lich** und rückst auf **Tag** (= täglich). Das Ziel musst du direkt erreichen.

> Aus vielen Nomen und Verben kannst du Adjektive mit den Nachsilben -ig, -lich, -isch, -los, -bar oder -sam bilden.

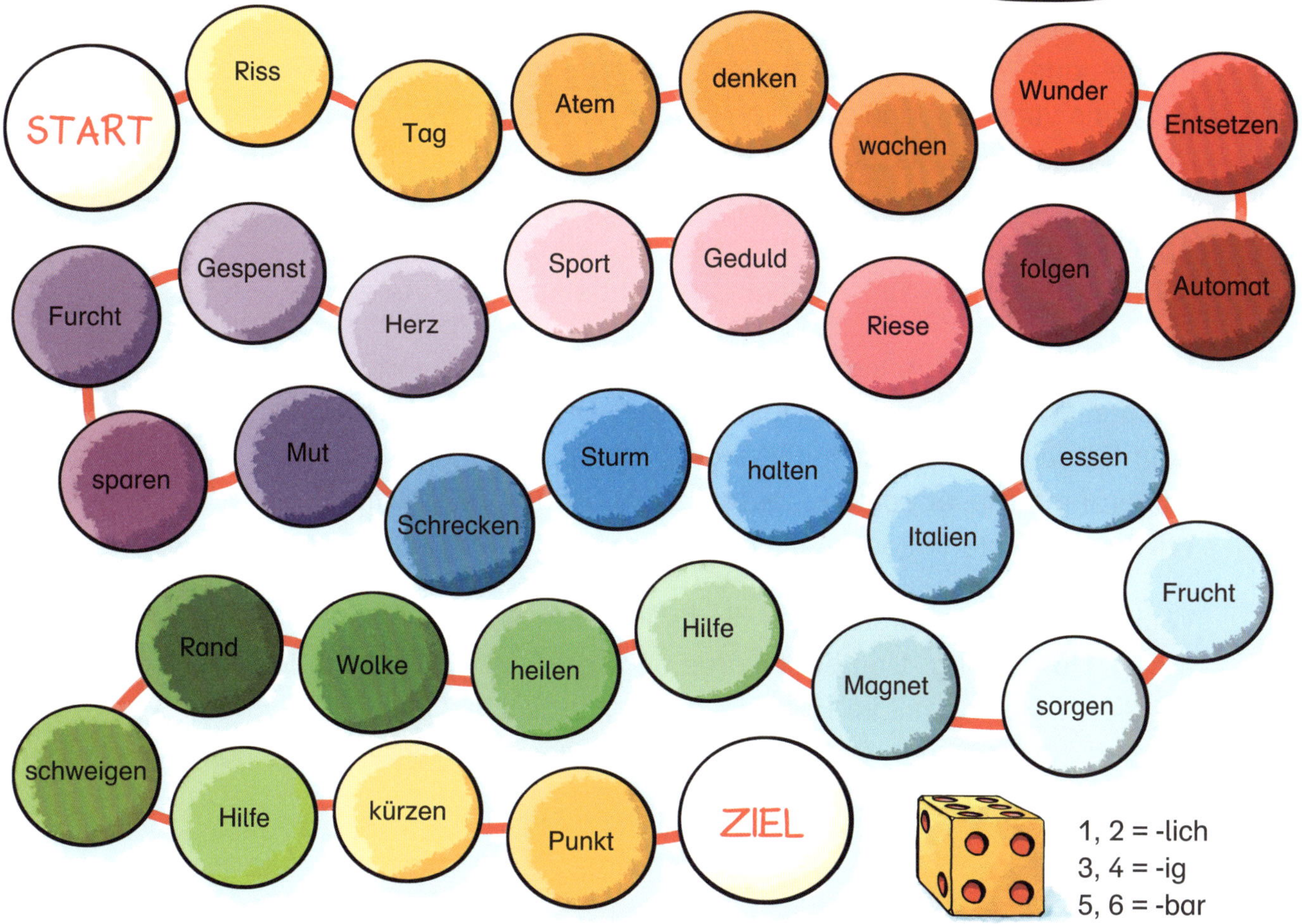

START · Riss · Tag · Atem · denken · wachen · Wunder · Entsetzen

Furcht · Gespenst · Herz · Sport · Geduld · Riese · folgen · Automat

sparen · Mut · Schrecken · Sturm · halten · Italien · essen

Rand · Wolke · heilen · Hilfe · Magnet · sorgen · Frucht

schweigen · Hilfe · kürzen · Punkt · ZIEL

1, 2 = -lich
3, 4 = -ig
5, 6 = -bar

2 Finde mit einem Partnerkind zu den Nachsilben **-bar**, **-los**, **-ig**, **-lich**, **-isch**, **-sam** mindestens drei Beispiele aus dem Spielplan.

3 Findet eigene Wörter mit drei Bausteinen.

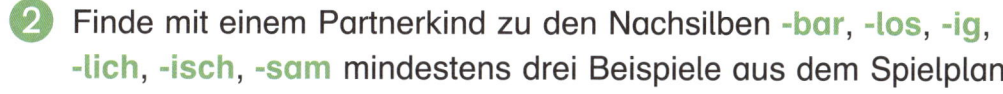

Vorsilbe | **Wortbaustein** | Nachsilbe

ver- | un- | ab- | vor- | -ig | -lich | -bar | -sam

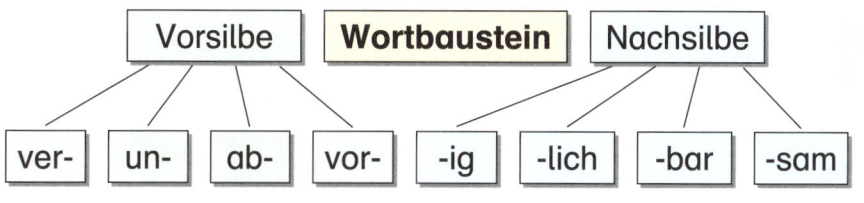

Heft 1 Seite 21 Aufgabe 3
unpünktlich, ...

4 Treffende Adjektive finden

1 Finde in jedem Abschnitt alle Adjektive.

Wer glaubt, die Wikinger wären nur wilde Raufbolde gewesen, der irrt sich!
Sie waren nämlich auch ungehobelte Trunkenbolde. Und rülpsende Räuber. Und
fiese Schwertschwinger. Vor allem waren die Wikinger hervorragende Seefahrer.
Mit seinen langen, wendigen Drachenbooten eroberte Erik der Rote Grönland –
5 was keine große Leistung war, denn dort gab es damals nur Schafe. *(8 Adjektive)*

Einige Jahre später unternahm auch Halvar von Flake weite Reisen.
Meistens voller unbändigem Tatendrang, zu rauben und zu brandschatzen.
Doch eines Tages riss seine lange Glückssträhne und sein schmächtiger Sohn
musste all seine Klugheit aufbringen, um Halvar zu retten.
10 Aber vor dieser großen Fahrt musste den starken Männern
unbedingt noch ein klitzekleiner Überfall gelingen. *(7 Adjektive)*

Nur nach wenigen Augenblicken landeten kleine Schuhe in den
riesigen Fußstapfen. Huch, das war aber ein winziger Wikinger! …
Sein Gesicht war von schulterlangen, karottenblonden Haaren
15 eingerahmt. Dieser schlaue, gerechte, hübsche und gewitzte
Wikinger steckte voller guter Ideen, das merkte man sofort. *(11 Adjektive)*

Wickie lag wach und starrte in die funkelnden Sterne. Sie allein wussten,
wie es Halvar ging: Und bald würde er auch seinen Vater wiedersehen.
Mit dieser Gewissheit im Herzen schlief Wickie ein. Der schöne Friede war
20 nur von kurzer Dauer. Denn kaum war es rabenschwarze Nacht, hallte
ein entsetzlicher Schrei über das Deck. *(5 Adjektive)*

2 Suche dir ein Partnerkind. Jeder von euch wählt zwei
Abschnitte. Schreibe alle Adjektive und inhaltlich
passende Nomen auf. Du kannst Nomen aus dem
Text oder eigene Nomen verwenden. Unterstreiche
die Adjektive. Überprüft euch gegenseitig.

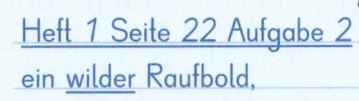

Heft 1 Seite 22 Aufgabe 2
ein wilder Raufbold,
...

3 Finde mit deinem Partnerkind weitere Kinder.
Sprecht darüber, was die Adjektive im Text bewirken.
Schreibt eure Gedanken auf.

4 Zusammengesetzte Adjektive bilden

> Mit zusammengesetzten Adjektiven kann man ihre ursprüngliche Bedeutung noch verstärken: neu – nagelneu

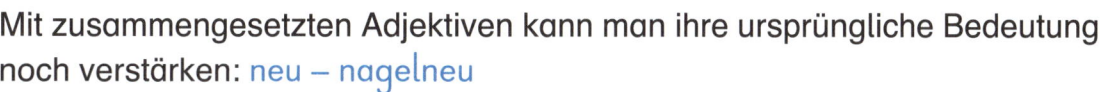

1 Bilde mit den Tieren zusammengesetzte Adjektive und schreibe sie auf.

Heft 1 Seite 23 Aufgabe 1
Bären + stark = bärenstark, …
…

Ich finde mein nagelneues Kleid bildschön.

| flink | fleißig | glatt | müde | nass | schwarz | stark |

2 Bilde aus den Nomen und Adjektiven zusammengesetzte Farbadjektive. Gestalte zwölf Memokärtchen.

   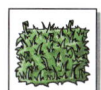 

| gelb | grün | blau | weiß | braun | rot |

3 Spiele mit einem anderen Kind ein Memospiel. Verwendet eure beiden Kartensätze.

4 Zerlege die folgenden Adjektive in ihre ursprünglichen Wörter.

| haushoch | riesengroß | pfeilschnell |

| steinreich | stockfinster | staubtrocken |

Heft 1 Seite 23 Aufgabe 4
haushoch = Haus + hoch, …
…

4 Mit Adjektiven vergleichen

Die meisten Adjektive kann man **steigern**. Durch die Steigerung kann man Menschen, Tiere und Dinge miteinander **vergleichen**.

Grundform: lustig   Pippi ist **lustig**.
1. Vergleichsstufe: lustiger   Pippi ist **lustiger** als Annika.
2. Vergleichsstufe: am lustigsten   Von allen Kindern ist Pippi **am lustigsten**.

 1 Lies mit einem Partnerkind abwechselnd die Aussagen über Pippi Langstrumpf.

a) Findet in jedem Text das Adjektiv und seine beiden Vergleichsstufen.

b) Nennt die drei Adjektive, deren Vergleichsstufen auf besondere Weise gebildet werden. Benennt, was bei diesen Adjektiven besonders ist.

Pippi is cool, I'm cooler, but you are the coolest.

Pippi ist ein merkwürdiges Mädchen, bestimmt ist sie merkwürdiger als viele andere Mädchen. Vielleicht ist sie das merkwürdigste Mädchen überhaupt?

Sie hat viele Goldstücke, sicher hat sie mehr Goldstücke als ihr, vielleicht hat sie sogar am meisten.

Ihre Kleider sind bunt, bestimmt sind sie bunter als bei vielen anderen Mädchen. Vielleicht sind sie am buntesten?

Ihre Pfannkuchen schmecken wirklich gut, vielleicht sogar besser als bei euch, vielleicht sind es auch die besten Pfannkuchen?

Sie ist ein starkes Kind, sie ist stärker als die Polizisten. Vielleicht ist sie das stärkste Kind überhaupt?

Sie reitet gerne auf ihrem Pferd, noch lieber stemmt sie es hoch, aber am liebsten füttert sie es mit Leckereien.

2 Trage die Adjektive mit ihren Vergleichsstufen in eine Tabelle ein. Unterstreiche die Adjektive, deren Vergleichsstufen auf besondere Weise gebildet werden.

Heft 1 Seite 25 Aufgabe 2

Grundstufe	1. Vergleichsstufe	2. Vergleichsstufe
wild	wilder	am wildesten
...	...	...

wild   komisch   schnell   mutig

gerne   schlau   lustig   hoch

fröhlich   kräftig   gut   viel

3 Überlegt in der Gruppe, welche Wettkämpfe ihr durchführen wollt. Schreibt Sätze in allen Vergleichsstufen.

Klassenrekorde

Wer singt am höchsten?

Wer pfeift am lautesten?

Wer springt am weitesten?

Tim pfeift laut.
Leo pfeift lauter als Tim.
Ich pfeife am lautesten.

4 Erkläre einem Partnerkind, wie du mit Adjektiven vergleichen kannst. Schätze dich selbst ein: Fällt es dir leicht oder schwer, Vergleichsstufen zu bilden? Musst du noch üben?

4 Mit Adjektiven werben

1 Überlege, welcher Werbespruch für welches Produkt wirbt.

| megagalaktisch-außerirdisch lecker | sanft, sanfter, am sanftesten | rabenschwarz bleibt rabenschwarz |

 2 Suche dir ein Partnerkind. Findet für die abgebildeten Produkte Werbesprüche mit zusammengesetzten oder gesteigerten Adjektiven.

 3 Suche dir mit deinem Partnerkind weitere Kinder. Stellt euch gegenseitig eure Ergebnisse von **2** vor. Gebt euch gegenseitig Rückmeldung. Überlegt gemeinsam, warum Adjektive oft in der Werbung verwendet werden. Schreibt eure Erkenntnisse auf.

4 Die vier Fälle des Adjektivs kennen lernen

Adjektive begleiten Nomen. Deshalb können sie gemeinsam mit Nomen in den vier Fällen stehen.

1. Fall: Die schlaue Lola lernt schnell.
2. Fall: Wessen Ideen sind gut? Die Ideen der schlauen Lola sind gut.
3. Fall: Ihre Freunde stellen der schlauen Lola gerne schwere Fragen.
4. Fall: Ihre Freunde bitten die schlaue Lola oft um Hilfe.

1 Suche dir ein Partnerkind und spielt gemeinsam das Würfelspiel. Würfelt immer mit zwei Würfeln. Der erste zeigt den Fall an, der zweite das Adjektiv und das Nomen. Setze das Adjektiv mit dem Nomen in den gewürfelten Fall und bilde einen Satz.

1		2	
•	1. Fall	•	die müde Katze
⁚	2. Fall	⁚	der schlaue Roboter
⁖	3. Fall	⁖	das schnelle Pferd
⁚⁚	4. Fall	⁚⁚	der verrückte Professor
⁙	3. Fall	⁙	die lustige Lola
⁞⁞	4. Fall	⁞⁞	¿ Denke dir selbst etwas aus!

Setze „verrückter Professor" in den 2. Fall!

Die Versuche des verrückten Professors funktionieren.

2 Schreibe zu jedem Fall ein Beispiel in dein Heft auf.

Heft 1 Seite 27 Aufgabe 2
1. Fall: Die müde Katze schläft.
2. Fall: Die Versuche des verrückten ...

5 Nomenprobe kennen

Mit einer **Nomenprobe** überprüfe ich, ob ein Wort ein Nomen ist.
Mindestens zwei Proben müssen passen.
Diese Proben gibt es:

1. Ich kann einen **Artikel** vor das Wort setzen: **der** Rucksack oder **ein** Rucksack
2. Ich kann die **Mehrzahl** bilden: die Rucksäcke
3. Ich kann ein passendes **Adjektiv** vor das Wort setzen: ein schwerer Rucksack
4. Ich kann an das Wort **-chen** oder **-lein** hängen: das Rucksäckchen
5. Ich prüfe, ob es sich um ein Wort für ein Lebewesen, ein Gefühl, ein Ding oder etwas Nicht-Dingliches handelt: ein Rucksack = Ding

1 Finde im folgenden Text mithilfe der Nomenproben die Nomen. Schreibe sie in dein Heft.

Heft 1 Seite 28 Aufgabe 1
Emma, Bus, …
…

ALS EMMA AUS DEM BUS STIEG, SCHLOSS SIE
ERST MAL DIE AUGEN UND HOLTE TIEF LUFT.
JA. SO MUSSTE ES RIECHEN. NACH MIST, BENZIN
UND FEUCHTER ERDE. NACH SOMMERFERIEN BEI DOLLY.

5 EMMA SCHWANG SICH IHREN RUCKSACK AUF DEN RÜCKEN UND
HÜPFTE ÜBER DIE STRASSE. SIE SPUCKTE IN DEN DORFTEICH,
SPRANG IN ZWEI PFÜTZEN UND STAND VOR DEM GARTENTOR
IHRER GROSSMUTTER. ALLES WAR WIE IMMER.

VON DEM ALTEN HAUS BLÄTTERTE DIE FARBE AB UND IN DOLLYS
10 BLUMENKÄSTEN WUCHSEN KEINE GERANIEN, SONDERN SALATKÖPFE.

DER WACKELIGE GARTENTISCH UNTERM WALNUSSBAUM WAR
WIE IMMER ZU IHREM EMPFANG GEDECKT.

Cornelia Funke

2 Schreibe zu jeder Nomenprobe
aus dem Regelkasten
ein Beispiel auf.
Verwende Wörter aus dem Text.

Heft 1 Seite 28 Aufgabe 2
1. Ich kann einen Artikel vor das Wort setzen: …
…

 3 Suche dir ein Partnerkind.
Versuche, alle fünf Nomenproben auswendig aufzuzählen.

5 Verbenprobe kennen

Mit einer **Verbenprobe** finde ich heraus, ob ein Wort ein Verb ist.
Diese Proben gibt es:
1. Ich kann die **Grundform** des Wortes bilden: lagen – liegen
2. Ich kann das Wort in verschiedene **Personalformen** setzen:
   ich liege, er liegt …
3. Ich kann das Wort in verschiedene **Zeitformen** setzen:
   ich liege, ich lag, ich habe gelegen, ich werde liegen …

1 Finde im folgenden Text mithilfe der Verbenproben 18 verschiedene Verben.

Tom und Jerry, Dollys alte Hunde, lagen schlafend
vor der offenen Haustür. Sie hoben nicht einmal
die Schnauzen, als Emma das Tor aufstieß und aufs
Haus zulief.

5 Aus dem Haus roch es angebrannt.
Emma grinste. Dolly hatte wohl wieder versucht zu
backen. Wahrscheinlich war sie die einzige Großmutter auf der Welt, die keinen Kuchen zustande
bekam. Kochen konnte sie auch nicht besonders gut.

10 Sie tat nichts von dem, was die Großmütter von
Emmas Freundinnen gerne machten.
Dolly häkelte nicht, las keine Geschichten vor, und Emmas Geburtstag vergaß
sie jedes Jahr. Ihre grauen Haare waren kurz wie Streichhölzer, sie trug meistens
Männersachen und ihr Auto reparierte sie selber. Emma hätte sie gegen keine
15 andere Großmutter eingetauscht.

Cornelia Funke

2 Schreibe mindestens zehn Verben
aus **1** mit einem Beweis auf.

Heft 1 Seite 29 Aufgabe 2
lagen: Grundform liegen
hoben: Personalformen ich hob, wir hoben …
…

3 Vergleiche deine Ergebnisse
von **1** und **2** mit denen
eines Partnerkindes.

5. Adjektivprobe kennen

Mit einer **Adjektivprobe** finde ich heraus, ob ein Wort ein Adjektiv ist.
Diese Proben gibt es:

1. Ich kann zu dem Wort **Vergleichsstufen** bilden: riesig – riesiger – am riesigsten
2. Ich kann ein passendes **Nomen hinter das Wort** setzen: der riesige Hund
3. Viele Adjektive enden auf **-lich** oder **-ig**.

Wörter, die weder Adjektive, Nomen oder Verben sind,
bezeichne ich als **sonstige Wörter**: alles, nur, bei …

1 Finde im folgenden Absatz mithilfe der Adjektivproben acht verschiedene Adjektive. Schreibe sie
jeweils mit einer der Adjektivproben auf.

Heft 1 Seite 30 Aufgabe 1
riesig – riesiger – am riesigsten
…

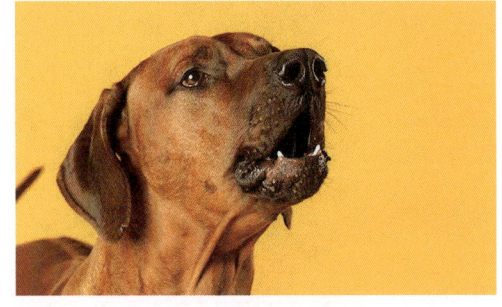

Ein riesiger Hund schoss bellend unterm
Küchentisch hervor, sprang an Emma hoch
und leckte ihr das Gesicht.
„Hallo, Süße." Dolly hockte vorm Backofen
und sah ziemlich unglücklich aus. Sie holte

5 ihren Kuchen heraus und knallte ihn auf den Küchentisch. „Nun guck dir das an.
Wieder zu braun. Ich versteh das nicht. Dabei habe ich mir sogar so eine
dusselige Backuhr besorgt."
Der Riesenhund ließ Emma in Ruhe und beschnupperte den verbrannten Kuchen.

10 „Ein Glück, dass ich vorsichtshalber noch ein bisschen Kuchen gekauft habe."
Dolly wischte sich die mehlverschmierten Hände an der Hose ab und gab Emma
einen Kuss.
In Proskes Autowerkstatt nebenan soff ein Motor ab und Dollys Nachbarin zur Linken,
Elsbeth Dockenfuß, fegte mit Radiobegleitung den Weg vor ihrer Gartenmauer.

15 „He Elsbeth!", rief Dolly. „Kannst du dein Radio mal etwas leiser drehen? Mein
Kaffee schwappt schon aus der Tasse von dem Lärm." Elsbeth schlurfte murrend
zur Mauer, drehte das Radio ab und kam auf Dollys Zaun zu.

Cornelia Funke

 2 Schreibe vier Adjektive und ein Wort von einer anderen Wortart auf einen Zettel.
Tausche mit einem Partnerkind. Es wendet die Adjektivprobe an und sagt dir
das falsche Wort.

5. Die Wortartenproben anwenden

1 Finde im folgenden Text fünf Nomen in der Einzahl mit Artikel, vier Verben in der Grundform und fünf Adjektive in der Grundstufe. Schreibe sie auf.

Heft 1 Seite 31 Aufgabe 1

Nomen	Verben	Adjektive
das Seepferdchen	...	...
...		

Das Seepferdchen

Es sieht aus wie ein Fabelwesen,

ein erfundenes Tier. Als wenn jemand zu zeichnen begonnen und sich dabei ge-

dacht hätte: Ach, heute male ich mal ein Unterwasserpferd. Ein Unterwasserpferd

mit Stacheln anstelle einer Mähne. Mit einer Rückenflosse anstelle von Beinen.

5 Mit einem geringelten Greifschwanz, rollenden Augen und einem zierlichen Hals.

Aber da war niemand, der zeichnete. So etwas Verrücktes wie ein Seepferd

kann man sich nämlich nicht ausdenken. Wirkliche Dinge sind oft seltsamer

als ausgedachte Dinge.

Ein Seepferdchen ist ein Fisch. Ein Fisch, der nicht gut schwimmen kann.

10 Darum hält es sich mit dem Schwanz an einem Büschel Seegras fest. So kann

die Strömung es nicht forttragen. Es sieht aus wie ein Luftballon, wie es da

an seinem Schwanz im Wasser hin und her schwingt.

Bibi Dumont Tak

2 Schreibe einen eigenen Text über ein Tier.

Heft 1 Seite 31 Aufgabe 2 + 3
...

3 Unterstreiche in deinem Text die Wortarten in drei verschiedenen Farben.
Wende dabei die verschiedenen Wortartenproben an.

5. Die Wortart untersuchen

1 Suche dir zwei Kinder.
Bearbeitet gemeinsam die Aufgaben.

a) Jedes Kind ist für eine Wortart verantwortlich.
Setzt jeweils ein Wort aus dem Kasten mit einem außerhalb des Kastens zusammen.
Schreibt eure Wörter farbig auf.
Achtet auf die Groß- und Kleinschreibung.

Heft 1 Seite 32 Aufgabe 1 a)
lang + Schläfer = Langschläfer
...

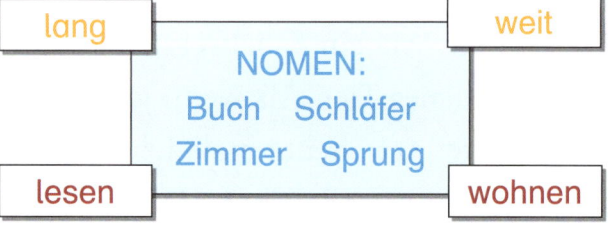

NOMEN:
Buch   Schläfer
Zimmer   Sprung

lang · weit · lesen · wohnen

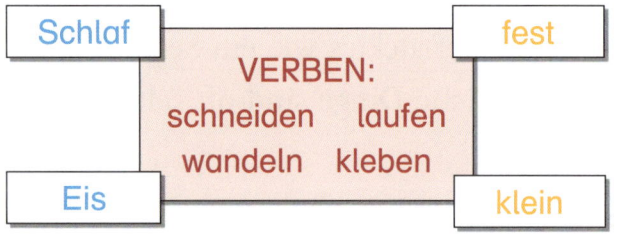

VERBEN:
schneiden   laufen
wandeln   kleben

Schlaf · fest · Eis · klein

ADJEKTIVE:
neu   leicht
glatt   schön

Aal · Feder · Bild · Nagel

b) Findet euch wieder zusammen. Sortiert alle Wörter nach Wortarten.
Erstellt dazu eine Tabelle auf einem Poster.

Nomen	Verb	Adjektiv
Langschläfer	kleinschneiden	federleicht
Wohnzimmer	...	...

c) Überlegt gemeinsam, nach welcher Regel sich Wortarten bestimmen lassen, wenn man zwei verschiedene Wortarten zusammensetzt.
Findet in eurer Gruppe für jede Möglichkeit eine Regel.

Heft 1 Seite 32 Aufgabe 1 c)
Adjektiv + Nomen = Nomen
...

d) Haltet mithilfe von Stichwörtern euer Gruppengespräch fest:
Wie seid ihr vorgegangen?
Konntet ihr euch über das gemeinsame Vorgehen einigen?

6. Sätze mit einem Bindewort verbinden

Mit **Bindewörtern** wie z. B. während, dass, wenn, weil, damit, obwohl, nachdem, bevor, als … werden zwei **Sätze** miteinander **verbunden**.
Zwischen den verbundenen Sätzen steht ein Trennzeichen: das **Komma**.
Lisa liest ein Buch. Lisa wartet auf den Abflug.
Lisa liest ein Buch**, während** sie auf den Abflug wartet.
Bei den Bindewörtern **und** und **oder** kann das Komma entfallen.
Lisa liest ein Buch und wartet auf den Abflug.

1 Verbinde die beiden Sätze mit dem Bindewort und schreibe sie auf.

Heft 1 Seite 33 Aufgabe 1
Mama packt Verpflegung ein, weil …
…

| weil |

| Mama packt Verpflegung ein. Die Fahrt dauert 5 Stunden. |

| denn |

| Imo wedelt freudig mit dem Schwanz. Er darf mitfahren. |

| und |

| Papa träumt vom Strand. Er träumt von viel Sonnenschein. |

2 Suche dir ein Partnerkind.
Verlängert die Sätze mit einem Bindewort.
Schreibt die Sätze auf.
Unterstreicht das Bindewort.

Heft 1 Seite 33 Aufgabe 2
Ich esse immer zwei Pausenbrote, weil
ich …

| Ich esse immer zwei Pausenbrote |

| Ich gehe früh ins Bett |

| Ich putze meine Zähne |

| Ich wünsche mir entweder ein Buch |

| weil | bevor |

| obwohl | und |

| oder | … |

6 Wörtliche Rede kennzeichnen

> Was jemand in einer Geschichte **spricht**, nennt man **wörtliche Rede**.
> Vor der wörtlichen Rede stehen **Anführungszeichen unten**,
> danach **Anführungszeichen oben**.
> Ein **Redebegleitsatz** gibt an, wer spricht.
> Nach dem Redebegleitsatz steht ein **Doppelpunkt**:
> Schröder sagt: „Ich will Klavier spielen wie Beethoven."

1 Schreibe die Sätze ab. Setze die fehlenden Zeichen ein.

> Schröder sagt   Ich will Klavier spielen wie Beethoven.

> Charlie Brown ruft   Komm her, Snoopy!

> Linus fragt   Wo ist meine Schmusedecke?

> Lucy brüllt   Ich bin so wütend!

Heft 1 Seite 34
Aufgabe 1
Schröder sagt: „Ich
will Klavier spielen
wie Beethoven."
...

2 Lies den Comic.

a) Schreibe die wörtliche Rede mit passenden Begleitsätzen auf.
Du kannst auch die Verben aus dem Wortkasten nutzen.

> mitteilen   rufen   sprechen   widersprechen   meinen
> bemerken   seufzen   antworten   erwidern   überlegen

Heft 1 Seite 34
Aufgabe 2
Linus bemerkt:
„Hinter dir sitzt ein
großer Alligator!"
...

b) Unterstreiche den vorangestellten Redebegleitsatz.

c) Markiere das Satzschlusszeichen der wörtlichen Rede und
die Anführungszeichen in verschiedenen Farben.

6. Nachgestellte Redebegleitsätze erkennen

Der **Redebegleitsatz** kann auch **nach der wörtlichen Rede** stehen. Dann setze ich die Satzzeichen so:

„Suchst du nach vergrabenen Schätzen?", fragt Hobbes.

„Ich suche nach vergrabenen Schätzen!", ruft Calvin.

„Ich suche nach vergrabenen Schätzen", sagt Calvin.

1 Lies den Comic.

a) Schreibe das Gespräch von Calvin und Hobbes auf. Die Begleitsätze sollen hinten stehen.

 Heft 1 Seite 35 Aufgabe 1
„Warum gräbst du ein Loch?",
fragt Hobbes.
...

b) Unterstreiche den nachgestellten Redebegleitsatz. Markiere die Anführungszeichen und das Komma vor dem Redebegleitsatz in verschiedenen Farben.

 2 Lest eure in **1** erstellten Texte mit verteilten Rollen. Findet einen Erzähler und Kinder für die Instrumente, die die Satzzeichen vertonen.

den Doppelpunkt  2x

den Punkt  1 Schlag

die Anführungszeichen  unten: 1x
oben: 2x

das Ausrufezeichen

das Komma  1 Schlag

das Fragezeichen

6. Eingeschobene Redebegleitsätze schreiben

> Der **Redebegleitsatz** kann auch **zwischen** der wörtlichen Rede stehen.
> Er wird **durch** ein **Komma** davor und danach **abgetrennt**.
> Die wörtliche Rede wird durch Anführungszeichen gekennzeichnet.
> „Kann jemand", **fragt Erhan,** „bestraft werden, der nichts gemacht hat?"
> „Warum", **fragt der Lehrer zurück,** „fragst du?"
> „Ich habe", **antwortet Erhan,** „meine Hausaufgaben nicht gemacht."

1 Schreibe den Witz mit Anführungszeichen ab.
Unterstreiche die Redebegleitsätze. Markiere in jedem
Satz das Komma vor und nach dem Redebegleitsatz.

Was , fragt die Lehrerin, hast du im Mund?
Ich , antwortet Lukas, kaue Kaugummi.
Ab , ruft die Lehrerin, in den Papierkorb!
Der Kaugummi , fragt Lukas, auch?

> Heft 1 Seite 36 Aufgabe 1
> „Was", fragt die Lehrerin,
> „hast du im Mund?"
> ...

2 Schreibe die Begleitsätze zwischen die
wörtliche Rede. Finde immer zwei Möglich-
keiten. Unterstreiche den Redebegleitsatz.

> Heft 1 Seite 36 Aufgabe 2
> „Was", fragt die Lehrerin, „ist 5 + 5 − 10?"
> „Was ist", fragt die Lehrerin, „5 + 5 − 10?"
> ...

a) Die Lehrerin fragt: „Was ist 5 + 5 − 10?"
Michi antwortet: „Das ist eine Matheaufgabe."

b) Der Lehrer sagt: „Nennt mir bitte fünf Tiere, die in Afrika leben."
Toni antwortet: „Das sind zwei Löwen und drei Elefanten."

3 Schreibe den Witz als wörtliche Rede mit
eingeschobenen Redebegleitsätzen auf.

> Heft 1 Seite 36 Aufgabe 3
> „Julia, sing bitte", sagt die Lehrerin, „ein C."
> Julia singt ein C.
> ...

Im Musikunterricht
Lehrerin: Julia, sing bitte ein C.
Julia singt ein C.
Lehrerin: Und nun sing ein E.
Julia singt ein E.
Lehrerin: Und nun bitte G.
Julia: Gut, wie Sie meinen!   *Sie nimmt ihre Sachen und geht.*

6. Bei Aufzählungen ein Komma setzen

Wenn Wörter oder Satzglieder aufgezählt werden,
dann muss ein Trennzeichen dazwischen: das **Komma**.
Ich kaufe Bananen, Äpfel, Birnen und Schokolade.

1 Schreibe den Satz ab.
Setze an den richtigen Stellen ein Komma.

Ich möchte bitte einen Eisbecher mit
Schokolade Banane Erdbeere Zitrone Vanille
Nuss Pistazie Kirsch Aprikose Kokos und Sahne.

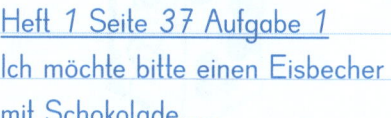

Heft 1 Seite 37 Aufgabe 1
Ich möchte bitte einen Eisbecher
mit Schokolade, …

2 Überlege dir mindestens vier Lieblingsbeschäftigungen von Lisa und Tim. Schreibe sie
als Aufzählung auf. Finde auch Imos Lieblingsbeschäftigungen und schreibe dazu ebenfalls
eine Aufzählung. Du kannst auch
die Liste verwenden.

Heft 1 Seite 37 Aufgabe 2
Lisas Lieblingsbeschäftigungen
sind reiten, …

Rad fahren, lesen,
kochen, schlafen,
rennen, fressen,
spielen, Kekse essen,
Kuchen backen, mit
dem Hund spazieren
gehen, Musik hören,
am Computer spielen,
tanzen, fernsehen,
mit meinen Freunden
spielen, …

3 Schreibe eine ausführliche Aufzählung
deiner Lieblingsbeschäftigungen.

Heft 1 Seite 37 Aufgabe 3
…

1 Sieh dir die Werbung an.

Hält **die Umwelt** sauber.
Hält **das Wasser** sauber.
Hält **d i c h** sauber.

Milch macht munter!

Gegen die
DUMMOKRATIE!

Noch mehr Nuss
für den Genuss!

2 Überlege mit einem Partnerkind, wie in den einzelnen Sprüchen
mit der Sprache gespielt wird.

3 Sammelt weitere Werbesprüche in eurer Umwelt und stellt sie anderen Kindern vor.
Überlegt gemeinsam, ob und wie bei diesen Sprüchen mit der Sprache gespielt wird.
Vielleicht findet ihr auch Beispiele aus anderen Sprachen.

4 Erfindet Werbesprüche
zu den einzelnen
Abbildungen und spielt
dabei mit der Sprache.

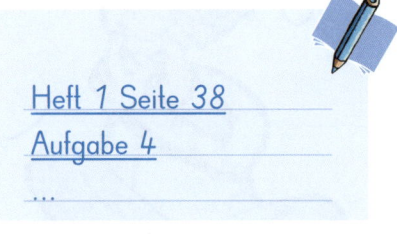

Heft 1 Seite 38
Aufgabe 4
...

Denke dir selbst etwas aus.

7 Mit Werbung überzeugen

Merkmale von Werbung:

- Werbeanzeigen sind auffällig gestaltet, damit sie sofort ins Auge fallen.
  Bilder spielen eine wichtige Rolle.
- Der Werbespruch ist oft so formuliert, dass du ihn dir gut merken kannst.
  Auch die Namen der Produkte sind oft so gewählt, dass sie interessant klingen
  und einprägsam sind.
- Farben vermitteln Stimmungen und Gefühle. Die Werbung nutzt sie,
  um den Wiedererkennungswert von Marken und Produkten zu unterstützen.

---

1 Lies den Text und schau dir die Werbung an.

2 Suche dir andere Kinder. Überlegt und begründet gemeinsam:
- Was fällt dir an der Werbeanzeige besonders ins Auge? Was ist ungewöhnlich?
- Was will der Hersteller besonders an dem Saft herausstellen?

3

4 Stellt das Plakat anderen Kindern vor. Holt euch Rückmeldungen
und überlegt, was ihr das nächste Mal besser machen könnt.

Blindenschrift kennen lernen

 1 Suche dir andere Kinder und seht euch die Blindenschrift an.
Überlegt gemeinsam:
- Wie lesen Blinde mit dieser Schrift?
- Wo in eurer Umgebung habt ihr Blindenschrift schon gesehen?
- Haltet euer Gespräch in Stichpunkten fest.

Das deutsche Braille-Alphabet

a	b	c	d	e	f	g	h	i	j	k	l	m
⠁	⠃	⠉	⠙	⠑	⠋	⠛	⠓	⠊	⠚	⠅	⠇	⠍

n	o	p	q	r	s	t	u	v	w	x	y	z
⠝	⠕	⠏	⠟	⠗	⠎	⠞	⠥	⠧	⠺	⠭	⠽	⠵

Umlaute und Lautzeichen

ä	ö	ü	ß		ie	ei	eu	äu	au	ch	sch	st
⠜	⠪	⠳	⠮		⠌	⠡	⠻	⠸	⠩	⠡	⠱	⠌

Ziffern

#	a=1	b=2	c=3	d=4	e=5	f=6	g=7	h=8	i=9	j=0
⠼	⠁	⠃	⠉	⠙	⠑	⠋	⠛	⠓	⠊	⠚

Kennst du
noch etwas, das Blinden hilft,
sich zurecht zu finden?

2 Schreibe auf, was hier in Blindenschrift steht.

Heft 1 Seite 41
Aufgabe 2
DIE...

3 Schreibe diese Wörter in Blindenschrift in dein Heft.

| ja | nein | servus | tschüss |

Heft 1 Seite 41
Aufgabe 3
...

4

7 Die bairischen Dialekte untersuchen

1 Betrachte die Karte von Bayern und lies die Wörter.

Mädchen
Schluckauf
Kartoffel
niesen

Map of Bavaria with dialect words:

niise
Määdla
Schlucker
Grumbera
Würzburg

Ärpfl
niisn
Moidla
Bayreuth
Hätscher

Maadla
Hetscher
niase
Ansbach
Äbian

Schlucker
Moidl
neißn
Regensburg
Eadepfl

Deandl
naißn
Eadepfe
Landshut
Schnaggl

Määdle
Augsburg
Eadbiara
Hesch
niäße

Eadepfe
Schnaagla
München
Diandl
niasn/ naißn

Gibt es in anderen Sprachen eigentlich auch Dialekte?

2 Suche dir andere Kinder. Bearbeitet die Aufgaben.

a) Findet Wörter auf der Karte, die ihr aus eurem Dialekt kennt.

b) Besprecht gemeinsam, wie sich die Wörter in den verschiedenen bairischen Dialekten verändern und was gleich bleibt.

c) Im Hochdeutschen gibt es die Umlaute au, eu, ei (ai), äu. Untersucht die bairischen Umlaute. Überlegt, wie ihr euer Ergebnis am besten festhalten könnt.

d) Sucht gemeinsam nach Wörtern in eurem Dialekt, die euch besonders gefallen oder die sich ganz anders anhören als im Hochdeutschen.

3 Sucht Bücher, Hörspiele, Filme oder Comics im bairischen Dialekt und stellt sie euch gegenseitig vor.
Findet Gründe, warum nicht viele Medien ins Bairische oder einem anderen Dialekt „übersetzt" werden.

4 Schreibe das Ergebnis aus **3** in dein Lerntagebuch.
Schreibe auch auf, ob du einen Dialekt oder eine andere Sprache beherrschst. Sprichst du in deinem Dialekt oder deiner Sprache nur mit bestimmten Menschen? Warum? Berichte.

7 Texte mit gleichem Inhalt untersuchen

 1 Untersuche die Texte und überlege, wie der Inhalt in den verschiedenen Beispielen erzählt wird. Achte darauf, was ähnlich und was verschieden ist. Überlege außerdem, wen die Texte erreichen sollen. Mache dir Notizen und tausche dich mit anderen Kindern aus.

> Du, ich war gestern im Zoo. Da ist mir aber das Herz in die Hose gerutscht. Ein Elefant …

Klasse 4a und ein Elefant frei unterwegs in Hellabrunn

Die 4a erlebte bei ihrem Ausflug in den Tierpark Hellabrunn etwas Außergewöhnliches. Nach der Fütterung vergaß ein Tierpfleger das Tor vom Elefantengehege richtig zu schließen. Elefant Kuno stieß das angelehnte Tor auf und lief auf den Besucherweg, direkt an der 4a vorbei. Von den Menschen um sich herum nahm er wenig Notiz und begann von Bäumen beim Spielplatz zu fressen. Die Tierpfleger konnten den Elefanten mit viel Geschick nach 20 Minuten wieder in das Gehege locken. Das war ein wirklich einmaliger Ausflug für die 4a.

Hey mama, bin grad am spielplatz. elefant läuft einfach frei rum :-) schade, hab keine banane ;-) komm schnell!

München, 5.5.20…

Liebe Anna,

wie geht es dir? Mir geht es gut. Gestern habe ich etwas Spannendes erlebt …

 2 Suche dir ein Ereignis aus. Schreibe es in einer der oben angeführten Formen auf. Tausche dann mit einem Partnerkind und schreibe das Ereignis in die andere Form um.

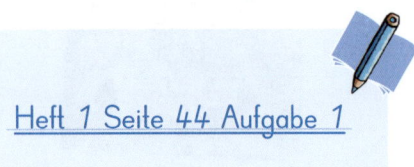

Heft 1 Seite 44 Aufgabe 1
…

| Pausenhof | Einbruch in den Computerraum |

| Ausflug zum Rathaus | … |

8 Subjekt und Prädikat ermitteln

Ich frage nach dem **Subjekt**:
Wer oder **was** reitet?   Der Ritter.
Ich frage nach dem **Prädikat**:
Was tut jemand oder **was geschieht**?   Der Ritter reitet.

1 Viele Sätze bestehen nur aus einem Subjekt
und einem Prädikat.
Unterstreiche in den folgenden Sätzen
das Subjekt blau und das Prädikat rot.

Heft 1 Seite 45 Aufgabe 1
Der Bohrer …

| Der Bohrer bohrt. | Der Bäcker bäckt. | Der Hammer hämmert. |

| Fliegt die Fliege? | Klingelt die Klingel? | Sägt die Säge? |

2 Frage in den Sätzen nach dem Subjekt.
Schreibe die Fragen und die Antworten auf.
Unterstreiche die Antwort.

Heft 1 Seite 45 Aufgabe 2
Was beginnt am Mittag?
Das Kampfspiel.
…

Am Mittag beginnt das Kampfspiel.

Die Klänge der Fanfare eröffnen das Turnier.

Die Ritter tragen Kleidung aus Leinen und Wolle.

Auf dem Turnierplatz kämpfen sie mit Schwert und Schild.

Jede Ritterfamilie besitzt ein eigenes Wappen.

3 Frage in den Sätzen von **2** nach dem Prädikat.
Schreibe die Fragen und eine kurze Antwort auf.
Unterstreiche in der Antwort das Prädikat.

Heft 1 Seite 45 Aufgabe 3
Was geschieht?
Das Kampfspiel beginnt.
…

4 Überlege und schreibe auf, was
ein Nomen und was ein Subjekt ist.

Das **Prädikat** kann **aus zwei Teilen** bestehen:
Die Mägde legen das Fleisch in Salzlake ein.

1 Stelle die Frage nach dem Prädikat.
Schreibe die Frage und die Antwort auf.
Unterstreiche das zweiteilige Prädikat.

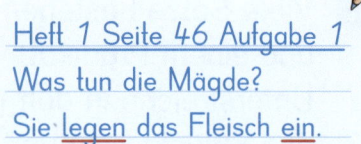

Heft 1 Seite 46 Aufgabe 1
Was tun die Mägde?
Sie legen das Fleisch ein.
...

Die Mägde legen das Fleisch in Salz ein.

Der Koch setzt eine Suppe an.

Die Küchenmädchen bereiten das Gemüse vor.

Der Küchenjunge sammelt Scherben auf und bringt sie weg.

2 Schreibe aus den Mauersteinen
sinnvolle Sätze oder Unsinnsätze auf.
Unterstreiche immer
das zweiteilige Prädikat.

Heft 1 Seite 46 Aufgabe 2
Der Küchenhund trocknet die Suppe ab.
...

Küchenjunge				Schinken
Koch	einkochen	aufwärmen	aufwischen	Suppe
Küchenhund	abtrocknen	einsammeln	durchschneiden	Gemüsekorb

3 Suche dir andere Kinder. Untersucht die Stellung
des einteiligen und zweiteiligen Prädikats im Aussagesatz.
Findet eine Regel. Schreibe sie in dein Lerntagebuch.

8. Satzglieder umstellen

Mit der **Umstellprobe** kannst du die Satzglieder bestimmen:
Der Ritter humpelt zur Burg.
Zur Burg humpelt der Ritter.
Humpelt der Ritter zur Burg?
Durch das Umstellen der Wörter erkennst du,
welche Wortgruppen zusammenbleiben.

1 Bastle mit einem Partnerkind drei
verschiedene Satzfächer.
Schreibt jedes Satzglied auf einen Papierstreifen.

So arbeite ich mit dem Satzfächer:
1. Ich übertrage jedes Satzglied auf einen Papierstreifen.
2. Ich verbinde diese Papierstreifen zu einem Fächer.
3. Ich verschiebe die Satzglieder zu einem sinnvollen Satz und schreibe ihn auf.
4. Ich verschiebe die Satzglieder mehrmals und finde weitere Sätze.

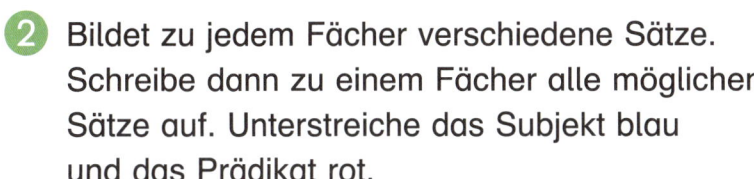

| die Köche | servieren | den Gästen | im Saal | das Essen | am Abend |

| die Diener | striegeln | nach dem Ausritt | die Pferde | gründlich |

| nach dem Turnier | gratuliert | das Burgfräulein | dem edlen Ritter |

2 Bildet zu jedem Fächer verschiedene Sätze.
Schreibe dann zu einem Fächer alle möglichen
Sätze auf. Unterstreiche das Subjekt blau
und das Prädikat rot.

Heft 1 Seite 47 Aufgabe 2

3 Stelle einen eigenen Satzfächer her.
Versuche, möglichst viele Satzglieder zu finden.

4 Suche dir den Satzfächer eines anderen Kindes.
Versuche, möglichst viele Sätze zu bilden.

8 Die Weglassprobe kennen und anwenden

Ein Satz besteht aus verschiedenen Satzteilen. Man nennt sie **Satzglieder**.
Die **Weglassprobe** hilft dir die Satzglieder zu erkennen:
Die Wörter, die du zusammen weglassen kannst, bilden ein Satzglied.
Am Schluss bleiben mindestens Subjekt und Prädikat übrig.

Der Minnesänger singt mit dem Burgfräulein am Abend ein Lied.
Der Minnesänger singt am Abend ein Lied.
Der Minnesänger singt ein Lied.
Der Minnesänger singt.

1 Schreibe die Sätze und umkreise die Satzglieder.
Lasse dann für die beiden Sätze nacheinander
alle Satzglieder weg, bis Subjekt und Prädikat
übrig bleiben. Schreibe Treppen wie im Merkkasten.

Heft 1 Seite 48 Aufgabe 1
Die Magd arbeitet ...

> Die Magd arbeitet fleißig in der Küche für das
> geplante Festessen am Abend.

> Nach der Feier schläft die Magd nach der mühsamen
> Arbeit des Tages besonders tief und fest.

2 Schreibe selbst einen Satz mit mindestens
vier Satzgliedern auf einen Papierstreifen auf.
Die Fragen können dir dabei helfen.
Schreibe auf einem gesonderten Blatt die Lösung
wie in **1**. Ein Partnerkind bearbeitet deine Aufgabe
und kontrolliert mit deiner Lösung.

Heft 1 Seite 48 Aufgabe 2
...

Wer? | Macht was? | Wann? | Wo?

Achte darauf,
ob der kürzeste Schlusssatz
noch Sinn macht!

3 Schätze dich selbst ein:
Kannst du Satzglieder gut erkennen?
Setze dir ein Lernziel für die nächste Woche.

8 Die Ortsangabe bestimmen

Neben dem Subjekt und dem Prädikat lassen sich auch andere Satzglieder näher bestimmen. Die **Ortsangabe** ist das Satzglied, das auf die Fragen: **Wo?**, **Wohin?** oder **Woher?** antwortet.

Kunibert fliegt.   **Wohin** fliegt Kunibert?   Kunibert fliegt in den Dreck.
Manche Prädikate fordern die Ergänzung der Ortsangabe im Satz:
Der Weg führt.   **Wohin** führt der Weg?   Der Weg führt in den Wald.

1 Suche dir andere Kinder. Lest die Sätze. Ergänzt die Sätze mit einer Ortsangabe.
Überlegt, welche Sätze ohne Ortsergänzung keinen Sinn machen.

| Das Auto fährt sehr schnell. | Familie Bichl wohnt. | Emilio hüpft. |

| Die Straße führt. | Juri wäscht ab. | Gina legt das Buch. |

2 Suche dir ein Partnerkind.
Stellt euch gegenseitig Fragen
zur Bestimmung des Ortes.

Wo sucht Kunibert?

im Kaminraum

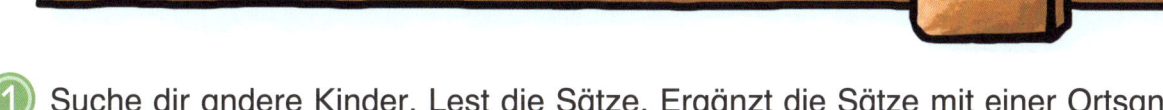

sucht

schleicht

schläft

sitzt

klettert

blickt

im Burggraben

den Turm hinunter

im Holzfass

auf ihr Land

im Kaminraum

über den Burghof

3 Schreibe Kuniberts Weg durch die Burg auf.
Denke an das Komma bei der Aufzählung.
Unterstreiche die Ergänzungen des Ortes.

Heft 1 Seite 49 Aufgabe 3
Kunibert klettert den Turm hinunter,
schläft im ...
...

 **Die Zeitangabe bestimmen**

Die **Zeitangabe** ist auch ein Satzglied.
Ich frage danach: **Wann?**, **Wie oft?** oder **Wie lange?**
Kunigunde lernt mittwochs nach der Mittagsruhe Fallen bauen.
Wann lernt Kunigunde Fallen bauen?   mittwochs nach der Mittagsruhe

	Mo.	Di.	Mi.	Do.	Fr.
8–10 Uhr	*Im Sommer:* jagen *Im Winter:* Pferdepflege	*Im Sommer:* reiten *Im Winter:* Pferdepflege	*Im Sommer:* reiten *Im Winter:* Feuer machen	*Im Sommer:* jagen *Im Winter:* Freizeit	*Im Sommer:* reiten *Im Winter:* Pferdepflege
10–12 Uhr	nähen und stricken		Wappenkunde	nähen und stricken	Feuer machen
12 Uhr	Mittagessen um 12 Uhr				
Burgenruhe bis 14 Uhr					
14–16 Uhr	Fährten lesen	schnitzen	Fallen bauen	Heilpflanzenkunde	Freizeit
16–18 Uhr	schnitzen	*Im Winter:* musizieren und singen *Im Sommer:* Freizeit		*Im Winter:* musizieren und singen *Im Sommer:* Freizeit	

 1 Stellt euch gegenseitig Fragen zu Kunigundes Stundenplan.

Wann reitet Kunigunde?

Im Sommer reitet Kunigunde …

2 Schreibe den Text ab und unterstreiche alle Satzglieder in verschiedenen Farben.

Seit vielen Jahren lebt Kunigunde auf Burg Stolzenfels. Alle Kinder reiten von Frühjahr bis Herbst durch die Wälder. Im Winter versammeln sich die Burgbewohner in der Halle. Im Sommer gehen sie zweimal in der Woche jagen.

Heft 1 Seite 50 Aufgabe 2
Seit vielen Jahren lebt Kunigunde
auf Burg Stolzenfels.
…

Finde die Subjekte (4), Prädikate (4), Ortsangaben (3) und Zeitangaben (5).

8. Die Satzergänzung im 3. Fall bestimmen

Satzglieder können in verschiedenen Fällen stehen.
Die **Satzergänzung im 3. Fall** gibt Antwort auf die Frage **Wem?**
Die Suppe schmeckt.
Wem schmeckt die Suppe?   Die Suppe schmeckt dem Burgwächter.

1 Suche dir weitere Kinder. Lest die Sätze und überlegt, ob sie Sinn machen.
Welche Frage stellt ihr bei den Sätzen?

| Das Pferd gehört. | Der Knappe folgt auf Schritt und Tritt. |

| Der Ritter hilft. | Der König redet gut zu. |

2 Schreibe die Sätze aus **1**
mit einer Satzergänzung im 3. Fall.

Heft 1 Seite 51 Aufgabe 2
Das Pferd gehört ...

3 Stelle die Fragen nach der
Satzergänzung im 3. Fall.
Schreibe die Fragen und kurze Antworten auf.

Heft 1 Seite 51 Aufgabe 3
Wem bringt der Stallmeister Pferde?
dem Ritter

...

| Der Stallmeister bringt dem Ritter Pferde. |

| Der Wachsoldat öffnet den Dorfbewohnern das Tor. |

| Der Burgwächter erklärt dem Händler den Weg. |

4 Bilde eigene Sätze mit Subjekt,
Prädikat und der Satzergänzung im 3. Fall.
Unterstreiche die Satzglieder
in verschiedenen Farben.

Heft 1 Seite 51 Aufgabe 4
Die Küchenjungen helfen den Köchinnen.

...

| helfen | gehören | folgen | schmecken | ... |

8 Die Satzergänzung im 4. Fall bestimmen

Die **Satzergänzung im 4. Fall** ist auch ein Satzglied.

Ich frage danach: **Wen** oder **Was?**

Die Kinder sammeln.

Was sammeln die Kinder?   Die Kinder sammeln Pilze.

Satzergänzungen können einteilig und mehrteilig sein:

einteilig: Die Kinder sammeln Pilze.

mehrteilig: Die Kinder sammeln Pilze und Beeren.

---

1 Schreibe aus den Mauersteinen
sinnvolle Sätze oder Unsinnsätze auf.
Unterstreiche die Satzergänzung im 4. Fall.

Heft 1 Seite 52 Aufgabe 1
Die Bauern bauen Mäuse.
...

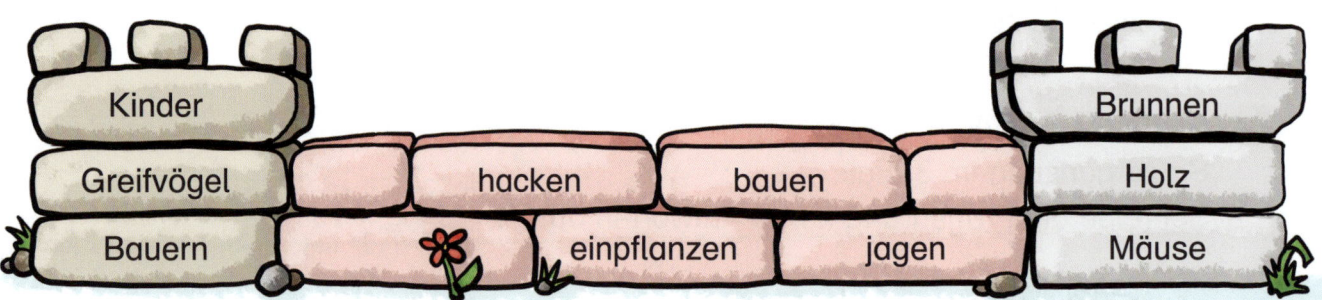

Kinder   Greifvögel   Bauern   hacken   bauen   einpflanzen   jagen   Brunnen   Holz   Mäuse

2 Bilde Sätze mit einer mehrteiligen Satzergänzung
im 4. Fall. Du kannst die Sätze von **1** erweitern,
oder dir neue Sätze ausdenken.

Heft 1 Seite 52 Aufgabe 2
Die Bauern bauen Häuser
und Brunnen. ...

3 Bestimme auf deinen Satzfächern von Seite 47
alle Satzglieder. Schreibe auf die Rückseite
die Bezeichnung (Subjekt, Prädikat, Ortsangabe …)
und die passenden Fragen.

8 Die Erweiterungsprobe anwenden

Mit der **Erweiterungsprobe** kann ich Satzglieder hinzufügen.
Hinzugefügte Satzglieder geben dann zum Beispiel Antworten auf die Fragen:
Wann? Wohin?
Ich kann also mit Satzgliedern den Informationsgehalt meines Satzes erweitern.
Unsere Klasse wanderte.
Unsere Klasse wanderte vor den Ferien.
Unsere Klasse wanderte vor den Ferien zu einer mittelalterlichen Burg.

1 Lies dir die Satztreppe genau durch.
Schreibe die Treppe und unterstreiche
die Satzglieder in der passenden Farbe.
(Subjekt, Prädikat, Satzergänzung im 3. Fall,
Satzergänzung im 4. Fall, Ortsangabe, Zeitangabe)

Heft 1 Seite 53 Aufgabe 1
Der Busfahrer ...

Der Busfahrer fuhr.
Der Busfahrer fuhr uns.
Der Busfahrer fuhr uns den ganzen Tag.
Der Busfahrer fuhr uns den ganzen Tag durch die mittelalterliche Stadt.

2 Verfasse passend zu zwei Treppen eigene
Treppensätze. Benutze die Farben wie in 1.

Heft 1 Seite 53 Aufgabe 2
...

3 Schreibe in dein Lerntagebuch, was dir heute
Spaß gemacht hat. Versuche, einen langen Satz
mit vielen Satzgliedern zu verfassen.

8. Die Ersatzprobe kennen und anwenden

Mit der **Ersatzprobe** kann ich Satzglieder austauschen.
So kann ich Satzglieder erkennen.
Außerdem kann ich mit dieser Methode
beim Schreiben Wortwiederholungen vermeiden.
Der Ritter bürstet das Pferd mit dem Knappen bei Sonnenaufgang am kleinen See.
Er striegelt das Ross mit einem Gehilfen in der Früh am Teich.

1 Schreibe den Satz und unterstreiche
die Satzglieder in den passenden Farben.
Ersetze dann alle Satzglieder und
schreibe den Satz neu.

Heft 1 Seite 54 Aufgabe 1
Der alte Mann gibt …
Der Großvater überreicht …

> Der alte Mann gibt am kleinen Haus
> dem Jungen am späten Abend einen Brief.

2 Schreibe selbst einen Satz mit möglichst vielen Satzgliedern
auf einen Papierstreifen auf. Versuche auf einem gesonderten Blatt,
so viele Satzglieder auszutauschen, wie möglich.

3 Gib einem Partnerkind deinen Satz.
Es soll ebenfalls versuchen, die Satzglieder zu ersetzen.
Vergleicht eure Ergebnisse.
Sprecht darüber, was bei euren Lösungen gleich und was unterschiedlich ist.
Erkläre deinem Partnerkind, wie du bei der Aufgabe vorgegangen bist.

8. Nach Satzgliedern fragen

1 Frage in jedem Satz bei den fett gedruckten Wörtern nach dem Satzglied. Schreibe Frage und Antwort auf.

Heft 1 Seite 55 Aufgabe 1 + 2
Wem gehörte Bibernell?
Igraines Familie.
Was …

…

2 Unterstreiche das Satzglied, nach dem du gefragt hast, in der passenden Farbe.

- Die Frage nach dem Subjekt: **Wer** oder **was?**

- Die Frage nach dem Prädikat: **Was tut** jemand**?** oder **Was geschieht?**

- Die Frage nach der Ergänzung im 3. Fall: **Wem?**

- Die Frage nach der Ergänzung im 4. Fall: **Wen** oder **was?**

- Die Frage nach dem Ort: **Wo? Wohin? Woher?**

- Die Frage nach der Zeit: **Wann? Wie oft? Wie lange?**

Igraine Ohnefurcht

Seit mehr als dreihundert Jahren gehörte Bibernell **Igraines Familie**.
Die Burg war nicht groß. Aber für Igraine **war** es die schönste
Burg der Welt. **Das Burgtor** bewachten zwei Steinlöwen.
Hoch oben auf einem Mauersims hockten **sie**. Wenn sich

5 ein Fremder näherte, fletschten sie die **steinernen Zähne**.
Die Löwen waren nicht die einzigen Wächter auf Bibernell.
Von den Mauern blickten steinerne Fratzen herab,
die **jedem Fremden** fürchterliche Grimassen schnitten.
Ihre breiten Münder konnten **Kanonenkugeln** schlucken.

10 **Brandpfeile** zerknackten sie, als gäbe es nichts Schmackhafteres auf der Welt.
Zum Glück jedoch hatten **die Steinfratzen** schon lange keine Pfeile oder
Kanonenkugeln mehr zwischen die Zähne bekommen.
Bibernell war seit vielen Jahren nicht mehr angegriffen worden. Früher war es
weniger friedlich zugegangen, denn Igraines Familie besaß **Zauberbücher**.

15 Raubritter, Herzöge, Barone, ja sogar zwei Könige **hatten** Bibernell **überfallen**.
Doch **sie alle** waren erfolglos wieder davongezogen.

Cornelia Funke

Einsterns Schwester 4
Grundschule Bayern

Themenheft 1
Sprachgebrauch und Sprache
untersuchen und reflektieren

Herausgegeben von:	Roland Bauer, Jutta Maurach
Erarbeitet von:	Andrea Koch, Schrobenhausen
Auf der Grundlage der Ausgabe von:	Annette Schumpp, Jutta Sorg
Unter Beratung von:	Enno Hörsgen, Langerringen; Dr. Klaus Metzger, Gersthofen; Dr. Helga Rolletschek, Brunnthal; Prof. Dr. Angelika Speck-Hamdan, München
Redaktion:	Anemone Fesl
Illustration:	Yo Rühmer, Frankfurt am Main
Umschlaggestaltung:	Cornelia Gründer, agentur corngreen, Leipzig
Layout und technische Umsetzung:	lernsatz.de

www.cornelsen.de

1. Auflage, 4. Druck 2022

Alle Drucke dieser Auflage sind inhaltlich unverändert
und können im Unterricht nebeneinander verwendet werden.

Druck: Athesiadruck GmbH

ISBN 978-3-06-083608-6 (Schülerbuch)
ISBN 978-3-06-081799-3 (E-Book)

Dieses Heft ist Bestandteil des Pakets „Einsterns Schwester 4" (ISBN 978-3-06-083606-2) und kann auch einzeln bestellt werden.

PEFC zertifiziert
Dieses Produkt stammt aus nachhaltig
bewirtschafteten Wäldern und kontrollierten
Quellen.
www.pefc.de
PEFC/18-31-166